Mr. E
Relatos de emprendimiento negro

Santa Coqueta

©Andrés Urrego, 2022

Copyright Andrés Urrego

urregoescritor@gmail.com

Todos los derechos reservados.

Prohibida la reproducción total o parcial de esta obra por cualquier medio sin el permiso previo por escrito del autor.

A mi familia

Recorría la ciudad buscando casos extraños de emprendimiento, mi última obsesión en el mundo de los negocios.

Emprendimientos negros, como quise llamarlos, por aquello de que se desarrollan en el mundo de lo ilegal, ilícito, o de lo no permitido, y que son de lo más común encontrar en mi ciudad, una que no ha podido coronar con bienestar y riqueza social los esfuerzos hechos en materia emprendedora, induciendo a muchos a buscar mejorar el valor de sus patrimonios y a subir en la escala social en corto tiempo, sin importar lo que tengan que hacer para lograrlo.

Fue cuando la conocí.

A Isa, una famosa empresaria del mundo de las webcams que después de graduarse con honores en una maestría en desarrollo de negocios, y al no encontrar posibilidades de trabajo para su perfil profesional, decidió poner en marcha un negocio salido de los normal aprovechando las oportunidades que ofrece la cuarta revolución, y un cuerpo de envidia deseado por muchos.

Soy Mr. E, desarrollador de negocios. No quiero entrometerme en el relato y dejaré que sea ella quien cuente para ustedes lo que pasó, y saquen sus propias conclusiones.

***

El mensaje de *Sofie Cooper*, unas de las *topten* del webcam en Colombia, cambió mi vida. No lograba conseguir trabajo, había regresado a vivir en la casa de mis padres y para completar el cuadro de desastres, la noche anterior, durante la cena, papá nos sorprendió con la noticia que, debido a la pandemia, cerraría el negocio que sostuvo a la familia por toda la vida.

***

Sofie

"Lee el artículo. ¿Oportunidad de negocio? Ahí la tienes. Espero te sirva. Besos. https://forbes.co/2021/05/10/negocios/modelos-webcam-en-colombia-un-negocio-de-us40-millones-al-ano/

6:05 p.m."

***

Me sorprendió lo que leí.

El negocio crecía, la pandemia había ayudado para ello, y la prostitución de la revolución digital, como yo la llamaba, había llegado para quedarse. Recordé las palabras de *Sofie* el día en que la entrevisté en su lujoso apartamento para el trabajo de la maestría. "Tu serías buena para esto", me dijo. "Eres bonita, natural y muy inteligente. Serías buena competencia", anotó, esbozando una sonrisa sensual.

***

De tomar una decisión a favor, no contaba con los recursos necesarios para invertir en el equipo tecnológico, remodelar la habitación y ofrecer un buen servicio. Requería de unos... USD 2- 3 mil para iniciar.

Pero más allá de la inversión, me frenaban mis padres.

***

Sofie se puso feliz cuando le dije que estaba considerando la opción de ingresar al negocio. Me entusiasmó hasta ponerme en las nubes cuando mencionó las cifras de dinero que podía ganar. Miles de dólares que mejorarían mi situación económica, me sacarían de las listas negras de las centrales de riesgo del país para recuperar la poca honra que me quedaba, y ayudar a mis padres a cumplir con sus obligaciones financieras.

Al terminar la llamada regresé al cuadro de depresión y ansiedad que me había diagnosticado el doctor por la falta de trabajo y tanto encierro.

Me angustia pensar en lo que dirán mis padres ante la decisión.

***

Perdí la cuenta de cuantas entrevistas de trabajo he presentado.

La de hoy fue una copia de las anteriores. "Agradecemos tu interés, pero tú alto nivel de estudios no se ajusta al perfil del cargo", argumentó el entrevistador, antes de retirarme de la reunión virtual con los candidatos al puesto de promotor de ventas para el canal retal, de una empresa de dulces.

***

La nota escrita por don Rober solicitando un abono "importante" a la cuenta de la tienda, sirvió de inicio para concluir que, aquellos no eran los tiempos para mi maestría.

***

El viernes en la mañana un grupo de operarios vestido con el uniforme de la empresa de servicios públicos de la ciudad tocó a nuestra puerta.

El deprimente cuadro de dolor, súplica y tristeza de mi madre los conmovió.

"Señora, regresaremos el lunes. Prométame abonar a dos de los tres meses de retraso para no ejecutar la acción", solicitó el supervisor del grupo en una acto puro de solidaridad.

Mamá cambió el semblante y levantó la mano derecha sabiendo que no íbamos a cumplir.

***

Por aquellos días llevaba una semana trabajando desde la zona común "pegada" a la red de internet de mi vecina y a los tomacorrientes del edificio. Aprovechaba el tiempo para navegar páginas de modelos webcam, conocer más sobre el negocio y validar sus proyecciones.

Estudié además algunas oportunidades de empleo, pero ninguna para mí perfil. Al regresar a casa, no pude con el cuadro de impotencia y tristeza de mis padres. Debía actuar de inmediato.

***

Escribí a Sofie: "Hola. Tomé la decisión. Necesito tu apoyo ☹ ☹

11:04 a.m."

Puse el teléfono sobre la cama y me quedé mirando hacia el techo.

***

Me despertó la vibración del teléfono.
Sofie
"Isaaaa!!! maravillosooooo. Cuenta conmigo. Hablamos luego ☐☐♥♥

4:23 p.m."

***

El otro día Papá preguntó por el nombre de la empresa en donde laboro como desarrolladora de negocios.

"Es una multinacional europea", le dije. "Se llama Strategyzer", agregué, justificando la razón por la cual salía de casa desde temprano y regresaba exhausta, cuando el noticiero de las 7 p.m., estaba por terminar.

"La gente está haciendo teletrabajo...", anotó.

"Yo también", respondí. "La sede de la empresa está en Suiza"

"¿Por qué no trabajas desde casa?, insistió.

"Debe ser porque no he cumplido con el período de prueba", manifesté, sacando adelante el sorpresivo interrogatorio iniciado por papá, quien no preguntó más, pero dejó su mirada filosa sobre mí.

***

Un día normal de trabajo en el estudio inicia a las 9 a.m. Después de preparar la habitación me disfrazo con el tema del día, ingreso a la plataforma, activo la cámara y comienzo a actuar.

Los usuarios dejan sus comentarios en el chat, el cual avanza a toda velocidad impidiendo pueda leerlos a todos: "Desnúdate" "Tócate" "Show your ass" "¿Threesome?" "Juega con el Hitachi" …

Yo solo escribo "Tokens", y respondo: "Gracias Porn23" "¿Te gusta? July85" "Hmmm…siii, mariaca10" "Hmmm… rico papi, joselitoarrecho" "Hmmm… I am so excited" "Do you want me?" …

El día continua.

Los mensajes llenan el cuadro de diálogos.

"¿Te gusta doble penetración?", pregunta marcehot; "Haz sentadillas desnuda", anota otro; "Mueve los senos" "Disfrázate de colegiala" …

Yo escribo "Tokens" y digo: "Gracias Luv1" "¿Quieres más?". Finjo: "Mmm…siii" "Mmm… Rico" "Mmm… I´m so excited" " Do you want me?"…

El reloj está a punto de marcar las 7 p.m.

Los mensajes parecen no acabar: "Eres una diosa" "¿Vamos al privado?" "más tokens si te vienes"

Finjo venirme.

La lluvia de tokens suena en el parlante.

Me despido en inglés, español, usando un tono de voz suave, seductor y pose sensual.

Hago bye, bye con la mano y corto la señal.

***

El balance del día de ayer fue bueno. 650 tokens para mi cuenta, 150 más del promedio diario proyectado, para alcanzar un pago equivalente al mes de 6 millones de pesos.

Nada mal para alguien que se encontraba sin trabajo. Sin embargo, las cuentas de la casa se cubren con dificultad.

***

"Debes salir del desnudo y la pornografía", me dijo Sofie, cuando le conté sobre mi preocupación de no ver los miles de dólares que tanto esperaba, y sobre los que fundamenté mi nueva felicidad.

"Sé creativa", añadió. "Aplica tu maestría. Mira la serie brasilera *O negocio*. Te dará una buena idea de que hacer."

***

Vi la serie *O Negocio* de una sentada.

Me sentí Karina su protagonista al terminarla, lista para romper el mundo del negocio de las modelos webcam. Me recriminé por no haber considerado la opción de aplicar mi conocimiento para ganar más dinero. El que adquirí para graduarme con honores en la MBD[1] de la Universidad de Negocios, con tesis laureada y todo sobre el mundo del modelaje webcam y los negocios digitales del siglo 21, del que nunca llegué a pensar, sería participante activa y actriz principal.

---

[1] Master en Business Development-MBD- Por sus siglas en ingles.

Me eché la disculpa diciéndome que seguro fue el efecto de *en casa de herrero cuchillo de palo,* el que impidió que lo hiciera antes.

"Desempolvé" el trabajo final con el que obtuve el diploma.

***

De días atrás vengo reestructurando mi negocio de modelo webcam, que, aunque se encuentra en marcha, es como si estuviera en modo idea. Aún no tengo claridad sobre el concepto ni el modelo de negocio, pero trabajo en ellos para definirlos y hacer riqueza pronto.

Quiero ganar USD 120 mil de los USD 40 Millones que mueve al año la industria de las modelos webcam en Colombia, según cifras de la Revista Forbes, a mayo de 2021. La cifra, que me agua la boca cuando pienso en todo lo que puedo hacer con ella, me obliga a ser creativa e innovadora en la definición de mi negocio.

Descargué de nuevo de la plataforma de *Amazon,* el libro *Las Aventuras de Mr. E -El caso del circo de Soler y el Star Model,* de Andrés Urrego, para aplicar la herramienta que ofrece para diseñar sistemas de negocio que hacen parte de las industrias creativas y culturales.

Me sentí feliz al releerlo, y mis pensamientos volaron hacia el infinito soñando con lo que podría llegar a hacer con el instrumento.

***

"Su papá ya no sale del balcón", dice Mamá, mientras empuja con dificultad la puerta de la nevera que está atiborrada de mercado.

***

Quiero que todos me vean como una confidente. Que puedan compartir conmigo lo que quieran, lo que les mueve el alma, les preocupa o hace infelices.

También y por qué no, lo que los llena de felicidad y realiza como personas. Es mi nuevo *sentido* o concepto de negocio, que me ha generado más tokens de lo normal durante los últimos días.

***

Luv1 se ha convertido en mi cliente No. 1.

"Luvuan", le dije un día. "¿Qué te pasa? ¿Ya no te gusto? ¿No quieres que juegue con el Hitachi?", le pregunté, y el respondió: "Solo quiero conversar".

Desde ese día conversamos en español, aunque él es italiano y domina el inglés al igual que yo.

Algunas pilatunas eróticas le hago para mantener su atención, pero a él parecen no importarles.

"Eres el mejor", le dije la otra vez antes de despedirnos de una sesión en la que me disfracé de Diana Prince, la mujer maravilla, pero sin uniforme.

"Eres brillante...", añadí, y la campana de tokens, se quería reventar.

"Igual tú", escribió él. "No entiendo que haces aquí. Eres maravillosa", anotó, antes de terminar y cortar la señal.

Hice una sonrisa fingida con un nudo en la garganta.

***

Papá me llamó a su nueva "oficina" justo después de llegar del trabajo.

"¿Cómo va tu nuevo empleo?", preguntó, con halo de desconfianza.

Intenté voltear la mirada, pero él me tenía agarrada con la suya, por lo que evadir la respuesta no iba a ser tarea fácil.

"Todo en orden", respondí.

"Vi que desde hace días llegas en carro", apuntó.

"Me lo asignaron para visitar clientes"

"Tú madre no lo sabía... ¿Y el teletrabajo?"

"No lo sé. ¿Quieres hablar con mi jefe?", le pregunté con un viso de agresión.

"No, solo pregunto por preguntar. No son épocas para estar arriesgándose a un contagio del virus."

"¿No tienes nada más que hacer que estar chismoseando lo que pasa o no mirando desde el balcón?", arremetí grosera, y entre a la casa para saludar a mamá.

***

Al iniciar la sesión del día de hoy, busqué con afán el nickname de Luv1 entre los participantes del chat y no lo vi. Lleva más de una semana que no ingresa, justo desde el día en que me dijo que yo era maravillosa, y no ha pasado un segundo cuando ya he revisado de nuevo el listado del chat para ver si se conectó.

Claire escribió: ¿Cómo te llamas?

Yo respondo: "Tokens y juego con el Hitachi", haciendo fuerza porque nadie mueve la caja.

Desconecto la cámara, agrego el letrero de *en privado* y me pongo a caminar sin descanso por la habitación. El promedio de tokens del día ha estado por debajo de lo normal.

***

Al regresar del trabajo, paso por el frente del edificio, y veo a mi padre sentado en el balcón.

Su mirada me sigue mientras conduzco el vehículo que saqué del concesionario con cero kilómetros, pagado con los ahorros de 5 meses de tokens.

Agito las manos diciendo adiós, sonrío con amplitud para saludarlo. El voltea la cara y dirige la vista hacia otro lugar.

Me bajo del carro y me dirijo hacia la casa con la imagen de papá en la cabeza. Entonces siento de nuevo aquella sensación molesta en la boca del estómago, la misma que no me ha dejado dormir durante los últimos días.

***

Luv1 es el líder de una empresa europea de consultoría financiera con operación internacional, de mucho prestigio. Es un italiano influyente, no profeta en su tierra, que llegó a mí por recomendación de Sofie, y con quien he construido una amistad profunda en muy poco tiempo.

Una relación profesional profunda en muy poco tiempo.

Es un cliente serio, respetuoso. "Vales mucho", me aduló la otra vez. "Eres una salvación para mí que vivo rodeado de gente, pero no tengo con quien compartir mis triunfos ni fracasos", agregó, con la voz a punto de quebrar.

El otro día, hacía con él otro privado hablando sobre temas de estrategia y nuevos modelos de negocio, vestida como la viuda negra.

El preguntaba, yo analizaba, respondía, cuando escuché a la distancia una voz femenina decir: "Michele...".

Intuí que era su nombre antes de que cortará el sonido, y lo viera tomar una posición de disgusto frente a su interlocutora.

Esperé con paciencia a que la discusión llegará a su fin. Asumí que discutía con su señora por dinero y él le reclamaba lo mucho que gastaba en cosas inoficiosas y poco útiles para la casa, como me lo dijo alguna vez. "Es peor que un cáncer", aseveró con tono de dureza.

***

Luv1 fue el que llenó mis bolsillos de dinero. Le debo mucho. Fue después del show de viuda negra, mi lanzamiento internacional como toda una *Avenger, sexi, erótica*.

Después de él, los privados aumentaron. Las heroínas que llevaba por dentro salieron buscando libertad, acción, y comenzaron a actuar moviendo la cuenta de tokens como nunca.

De pronto los usuarios se convirtieron en súper ejecutivos de compañías de todas partes del mundo recomendados por él, que querían ver a la niña de 25 años, medio desnuda, hablando de negocios con propiedad.

***

Extraño a Luv1... A Michele... Hoy tampoco apareció en el chat.

Espero no se haya contagiado con el Covid 19 o algo peor. Me hace falta escucharlo decir que soy importante y una mujer maravillosa.

De sus labios, el cumplido suena mejor.

***

Al llegar a casa, mamá me dice:

"Adivina quién está aquí", con una emoción que la supera.

La sola introducción del personaje me pone los pelos de punta.

No tengo a alguien como para una presentación de ese tamaño, y siento el hielo bajar muy lento por mis espalda. , al recordar la última vez que me hizo un comentario similar.

"¡Isaaaaaaa!", grita alguien que se abalanza sobre mí al verme ingresar a la sala, tan rápido, que no logro identificar de primera, de quien se trata.

Respondo con un larguísimo hola; sonrío por sonreír, grito por gritar, saludo por saludar.

Demoro en reconocer de quien se trata, cuando le pregunto en tono efusivo, pero fingido, "¿Cómo estás? ¿qué hay de ti?"

Una punzada me revuelve el estómago cuando al fin la identifico.

Ella se percata de mi actitud, pero continua como si fuéramos las mejores amigas de toda la vida.

Mamá emocionada, interrumpe el tenso momento y nos dice:

"Deben de tener hambre. Prepararé un par de *sanduches*", y sale sonriendo del lugar.

Entonces, me percato de que mi padre también está allí.

"Hola, papá ¿Cómo estás?", saludo disimulando la angustia.

El no responde, mira desconfiado y se retira hacia el balcón.

"Está algo enfermo", lo disculpo, pero al quedarme sola con ella, cambio la farsa de cortesía y enfrento su incómoda presencia.

"¿Qué haces aquí? ¿Qué quieres?"

"Tranquila", responde Karla con actitud sobradora, mientras regresa al sillón.

"Me enteré de que estas de súper ejecutiva en ... ¿*Strategyzer?*", pregunta con irónica sonriendo, recostándose contra el mueble mientras cruza sus largas piernas.

***

He concentrado mi negocio en los privados que es donde está el dinero, pero el tiempo no alcanza para atender la demanda que tengo.

El problema radica en que el día solo tiene 24 horas, yo laboro 12, por lo que duplicar lo que gano no será tarea fácil.

He diseñado una estrategia que me permita acceder a más tokens, ofreciendo tiempo virtual extra y un video privado dedicado para aquella persona que acumule tips y pase más tiempo conectado. Ha funcionado con los amigos de Luv1, quien, a propósito, cumple una semana más sin reportarse en la plataforma, y comienzo a pensar lo peor.

Creo que no fue prudente decirle "te amo, te extraño. Quiero tenerte cerca de mí", después de días de llevarlo en mi corazón y tenerlo en mi pensamiento hasta dormir.

***

El otro día, el de la visita sorpresa en mi casa, le dije a Karla que montara su propio show, pues en el estudio, no estaban reclutando nuevas modelos.

Yo esperé una reacción fuerte, tenebrosa y acusadora de su parte ante la respuesta, en especial, al ver las ínfulas con las que había llegado.

"No mi amor", me dijo, "estás confundida. Yo no vengo a buscar ayuda para ser modelo ¿Qué te pasa? Soy de ambiciones mayores", anotó.

Al terminar la aclaración se levantó del sillón.

Se acercó a mi oído.

Yo esperé escuchar la amenaza de destapar uno de mis secretos mejor guardados. Uno que mataría a mis padres de hacerse público, y del que ella era una desafortunada testigo, hasta llevarme al máximo nivel de odio.

"Vengo a potencializar a Santa Coqueta", susurró, produciéndome un frío cadavérico que me hizo estremecer. "Necesito tu ayuda."

***

Fue una entrevista para una revista italiana la que me puso en la palestra pública.

El Covid 19 comenzaba a ser historia, la vacuna recorría el mundo a toda velocidad y el editor del magazine se contactó con el dueño de mi agencia, pues quería presentar como el negocio de las modelo webcam había sido uno de los más prósperos y de alto crecimiento, durante la época de pandemia.

Fuimos presentados como uno de los estudios más poderosos del mundo. Estimado de tener el 30% del mercado, emitiendo desde Medellín, Colombia, una de las ciudades donde el negocio es próspero y abundante en cantidad.

Me eligieron para ser la entrevistada representante de todas las modelos. Me realizaron una sesión de fotos en las que aparecía desnuda con una máscara de porcelana blanca que cubría la mitad de mi rostro, y la pose de lado, mis partes íntimas.

Karla leyó el artículo y mi explicación sobre por qué no éramos un negocio de prostitución:

"No hay contacto físico... Mujeres y hombres ingresan y gastan millones de dólares en el mundo buscando algo más que sexo casual. Buscan aprecio, reconocimiento; un espacio para conversar, llorar, reír y compartir su vida."

"Ha Santa Coqueta le gusta comunicarse con las personas, servir para que sean felices...", respondí en otra parte de la entrevista.

"¿Algo extraño que me hayan pedido? Me especialicé en hablar de temas de negocios de alto nivel. Mis clientes son ejecutivos de empresas de reconocimiento mundial que buscan hablar de temas empresariales con poca ropa.", refresqué.

Karla leyó la entrevista y mi rostro se le hizo familiar.

Fue así como ingresó a la cuenta de Santa Coqueta, me puso actuar, y dejó parte de su dinero en los tokens del día.

***

Cuando Karla expone la idea de negocio, no soy indiferente.

Al fin de cuentas hacemos lo que hacemos por amor al dinero, al dios dinero, por tener más dinero, y un poco extra no caería mal. Aunque para ser sincera con ustedes, algo me llena más que el movimiento de tokens y el negocio. Más que las palabras y manifestaciones de amor, adulación, admiración, exaltación, adoración, idolatría que me ofrecen muchos seguidores y clientes:

Sentir que soy importante, que los vecinos y amigos nos respetan. Es como subir de estrato social de la noche a la mañana.

Se siente bien.

Tener dinero, se siente bien.

***

La posibilidad de ser independiente, de tener mi propio negocio o por lo menos socia de uno, ser mi jefe y construir lo mío, es otro de los motivos que me impulsan a continuar con la idea de negocio de Karla.

Mi Sueño de toda la vida hecho realidad. Yo, por fin emprendedora, en tierra de emprendedores.

"Amigas y socias de mil secretos", me dice ella para sellar nuestra alianza, haciendo el gesto de mantener la boca cerrada.

Es el inicio del nuevo negocio

***

Después de hacer el ejercicio de conceptualización y diseño del modelo del nuevo negocio, trabajamos en las proyecciones financieras.

Pretendemos alcanzar una participación del mercado nacional del 15% en tres años.

Facturar USD 6 millones de dólares anuales, manejando un margen Ebitda estimado del 20%.

Son finanzas puras que aprendí en la maestría, para ayudar conocer el potencial del negocio.

La operación para alcanzar las cifras planeadas no es difícil. Se calcula una inversión inicial de USD 50 mil para comprar equipos, remodelar la sede del estudio, y contar con un poco de capital de trabajo para el pago de la administración y el equipo técnico mientras alcanzamos el punto de equilibrio, unos 8 meses después de iniciar operaciones.

Pusimos el nombre del estudio, Santa Coqueta.

Potencializar mi nombre artístico es parte de la idea inicial. La apuesta, más allá del sexo y el porno vulgar. Somos confidentes, le decimos a las primeras modelos reclutadas en su día de inducción, algunas de ellas, llenas de cartones académicos, bilingües y con mucha clase, como yo.

Buscamos hacer seguidores, fans que sean súper ejecutivos, ricos, que se sientan solos, con deseos de hablar y de ser escuchados, sobre todo eso. Bien solos.

"Seremos una especie de damas de compañía virtuales", les digo. "Dispuestas a dar mucha información de manera sensual, salida de lo normal, pero con mucho criterio y profesionalismo. No sexo explícito. Mucho erotismo", acentúo.

***

Mi último día de sesiones en el estudio se puso nostálgico.

Antes de salir, cerrar la sesión y con ella, una etapa de mi vida, envío, un mensaje de despedida a Luv1 y al largo listado de clientes.

Espero alcancen a leerlo: "www.santacoqueta.com", dejo en el regazo del escrito.

***

La actitud de papá continua extraña conmigo.

Lo siento más alejado que nunca desde la visita de Karla. A veces pienso que lo sabe todo. Que no hay secreto y que por eso no es el mismo. Aunque él, nunca ha sido el mismo conmigo. Le ha costado reconocerme como su única hija.

***

Los hombres se estrujan y quieren morirse cuando les digo que me gusta el sexo por placer y que no siempre lo hago por amor.

La palabra puta se asoma en la punta de sus lenguas cuando sienten perder el poder de la situación. Muchos no volvieron siquiera, a dirigirme el saludo.

Los primeros días en la plataforma de Santa Coqueta son un desastre.

He tenido que responder en más de una ocasión que el contenido ofrecido no permite sexo explícito, reglas de la casa, por lo que sus comentarios son de lo peor.

"Eres una puta muy mala", escribe, Jon357 desencantado porque no hice una escena de masturbación. "Que asco de sitio", escribe y sale del lugar.

Tengo buenos ahorros y no me preocupó por el mes, pero debemos de hacer algo para atraer con rapidez a los clientes que tenía en el estudio.

***

"Quieres una erección o hablar", le digo al que pagó el privado, quien como loco, descarga tokens a mi favor.

***

"La presión económica detonó el asunto", inicio. "Me atrae la libertad sexual con estilo" , digo.

"Ser rica, famosa, y llevar una vida con mucho placer. Como Madonna. Pero mis padres cuidaron de que no me desviara del camino", agrego al interlocutor del privado, quien juega conmigo al psicólogo.

Mi respuesta es sincera y me trae recuerdos de niñez.

***

Karla aparece de vez en cuando a revisar los números de la plataforma. Dice que están por debajo de lo esperado y que las chicas, tienen que "abrirse" más para alcanzar las metas.

"Esto no es solo de tetas ni vaginas", le digo, "es de saber manejar a las personas. Cumplimos sueños, fantasías...pero somo temáticas"

***

Mamá anda entre sus amigas del barrio, sobre comentando sobre mi nuevo trabajo.

"Tiene un puestazo en una de las mejores empresas de asesorías del mundo", ha dicho, ante el embate de preguntas que indagan sobre mí, por el nuevo carro, y por la posibilidad de trastearnos a un barrio mejor, en un encuentro casual de amigas, a la salida de la tienda de don Rober.

"Ella siempre ha sido una niña con suerte", recordó la señora Emilia, acomodando su chal. "¿No recuerdan cuando se ganó las rifas de la bicicleta, la moto y el último I Phone?", memoró en tono irónico tras lo dicho.

Mamá se entusiasmó con el tema y continuó diciendo, "Y no olviden la beca de la maestría", como tratando de no dejar nada por fuera del anecdotario inicial, sacando caras de burla entre sus chismosas amigas.

***

Hago parte del cambio más importante en la historia de la humanidad. De la cuarta revolución industrial.

Ofrezco servicios que generan experiencias únicas, irrepetibles, porque cada momento es único e irrepetible, como las personas que los consumen, y yo.

Mi estudio se convierte en un mundo nuevo, en un reino nuevo. Juego a ser la princesa Deanerys en una tarde de Games of Thrones. "¿Que ordena milord?", pregunto al nuevo cliente suave, dulce, susurrando en sus audífonos, mientras acaricio con la yema de mis dedos a un dragón blanco que me acompaña.

Luego, lo enfrento y le hablo más fuerte ordenando: "! DIME QUE ME DESEAS... QUE SOY TU REINA Y QUE HARÁS LO QUE TE PIDA... ¿ACASO, NO TE GUSTO?"

Jacklord, responde con ojos vidriosos pegados a la pantalla sumiso, esclavo de lo que digo.

"Eres mi diosa, mi ama, *Khaleesi*. Te deseo como a nadie en el mundo. Dame tu amor, castígame: Hazme algo, hazme tuyo, no soy digno de ti."

Me gusta lo que dice y como lo dice. Más, los tokens que suenan como una cascada, y extiendo el tiempo de atención amagando con mostrar un poco más de mi piel.

Sus ojos y su voz piden más.

Abro el vestido insinuante, alusiva... El insiste "muéstrame más". Entonces volteo mi cuerpo y dejo caer la túnica descubriendo mis blancas y ornamentadas caderas al aire.

Jacklord grita extasiado: "QUIERO MÁS, *Khaleesi. T*odo para mi reina... Soy tu esclavo... DAME MÁS", insiste con Ahogado... excitado...Exhausto...

***

Ser linda y tener buen cuerpo abre puertas.

Ser linda, tener buen cuerpo y ser inteligente en donde vivo, genera terror.

Por eso he escondido mi inteligencia. Para poner el mundo a mis pies.

Lo supe desde niña. Nadie me lo enseñó. Lo viví en carne propia cuando jugaba *la lleva* con mis amigos y durante mi juventud, cuando los muchachos del barrio se ponían como tapete para que pasara por encima de ellos.

Luego, en el colegio de ricos en donde estudié con beca de honor, entendí que la belleza y el dinero van de la mano. Son inseparables, dan respeto, reconocimiento y valor a la gente.

Pero no es la belleza que tanto promueven los curas y pastores de iglesia. En donde vivo, esa vale mierda, sirve para poco porque no se puede exhibir y su falta, la lleva a una al infierno.

Soy del grupo de las que tiene el mundo a sus pies. Aprendí a dominar y a mover mis dotes para obtener lo mejor.

***

Próximos a cumplir el primer año, Karla está feliz con los tokens que mueve el negocio. Seremos empresa unicornio de seguir así.

***

Al llegar a casa la otra noche, papá continuaba en el balcón, a pesar de ser casi las 12.

"Me gustaría entender el mundo de los negocios de hoy en día", me dijo, al sentir mi presencia detrás de él.

Yo aproveché para ocultarme entre su espalda y la oscuridad para pasar con fuerza, un trago de susto y suspirar profundo.

"El mundo ha cambiado", atiné a decirle.

"Pero algo está funcionando mal. En mi época los negocios tomaban su tiempo y la riqueza llegaba después del esfuerzo", continuó con la reflexión.

Lo escuché atenta, reflexiva, pero como si estuviera en segundo plano, con deseos de destapar mi olla y salir del nudo de mentiras construido durante mi vida.

Mamá llegó interrumpiendo el empuje que tenía para soltar la verdad.

"¿Qué hacen aquí? Miren la hora ..." cortó, haciéndome señas de que lo mejor, era que permaneciera callada.

Papá y yo nos miramos.

Entramos a la casa cada uno para su habitación.

***

Un mensaje de Luv1 me tiene los pelos de punta.

"Tengo un pasaje para ti. Destino, Londres", escribió con los datos del contacto.

Siento la presión de la invitación en mi estómago y en el corazón.

***

Para la época, la tasa de desempleo de la ciudad es de las más altas del país.

Medellín, ciudad de la innovación y el emprendimiento, no ofrece trabajo fácil.

No para mi nivel de estudios y menos, por ser mujer.

Es el reflejo de lo que pasa en Colombia.

No lo digo yo.

Está en el artículo *Solo hay 4 mujeres entres los CEO de las 100 empresas más grandes,* emitido por la Revista Portafolio de Colombia, que leo con preocupación. Su autora, Laura Becerra, me ha contactado para entrevistarme como emprendedora exitosa.

"Eres joven, rica, en un negocio fuera de lo normal", dice, para convencerme de hacer el encuentro.

"Déjame pensarlo", respondo. "No es solo presentar la empresa. Hay más cosas en juego que debo de evaluar."

***

"Quiero entender a quienes critican lo que hago. Hablar es muy fácil cuando se tiene todo. "

"A veces una quiere una cosa, pero el medio que te rodea te pone en otra para salir del hueco y el atolladero. En mi caso, aproveché lo que tenía: una mente brillante y un cuerpo del putas. ¿La parte del sexo? Es algo natural al ser humano, que me ha servido para ascender en la escala social; para sentirme reconocida, querida, respetada", fue lo último que leí del artículo escrito por Laura, antes de abordar el vuelo que me llevaría a buscar una nueva vida.

***

"Tú vida no es un secreto", me dijo papá, visiblemente consternado con la noticia.

Mamá reaccionó como si fuera nueva en el asunto, pero papá arremetió contra ella diciendo: "Solapada. Yo intuía el asunto. Pero tú lo escondiste. Hasta la gente del barrio lo sabían", reclamó cabizbajo, derrotado, dirigiéndose a mi madre con cara de decepción.

"Es lo que más me duele. Que no hubieran tenido la confianza para contarme las cosas desde el principio", cerró el tema antes de salir de la casa con las maletas en la mano.

FIN

A cerca del autor

Creador de mundos, contador de historias, ensayista, músico en Eztridentes, Mr. E Band. Emprendedor fundador y creativo en Mr. E empresa de entretenimiento formativo. Creador de la herramienta *Star Model* para el diseño de modelos de negocios de empresas del sector creativo, cultural y social. Desarrollador de negocios, speaker, docente catedrático experto en desarrollo de habilidades blandas, emprendimiento, empresarismo e innovación, con enfoque social y cultural.

Ha escrito novelas, ensayos, casos de estudio, guiones para web y cómic relacionados con el mundo de los negocios: Sueños Ajenos, La Red, Las Aventuras de Mr. E El caso del circo de Soler y el Star Model. Ha trabajado directa e indirectamente para: BID, Mincultura y MinTIC, Colombia; Secretarías de desarrollo económico y de cultura de Bogotá, Medellín, Barranquilla; universidades EAFIT, UPB, U de A, EIA, del Rosario, Tadeo Lozano, Ruta N, Centro de Ciencia y Tecnología de Antioquia; Cámara de comercio de Medellín, Bogotá, Barranquilla, Cartagena.

Ha sido asesor y consultor de centenares de proyectos de emprendimiento y empresarismo en Colombia, Panamá, Costa Rica, Perú, Argentina.